JN437966

네가 꽃이었구나

네가 꽃이었구나

김건일 제Ⅱ시집

을지출판공사

| 시인의 말 |

시는 삶에서 소중히 지니고 다니는 보석
낭만과 행복을 동시에 줍니다.

삶의 꽃밭을 가꾸듯
아름답고 향기 나게 가꿔
여름엔 시원한 납량제가 되고
겨울은 가슴 따뜻한 난로와도 같은 것이
바로 시가 되어야 한다고 생각합니다.

긴 인생길 가다가 지치고 힘들 때
좋은 시 한 편 또 한 편 읽어 보면
가뭄에 한줄기 소낙비처럼
고난을 물처럼 흘려보내 주며 삶을 위로하고
인생에 희망의 씨앗을 심어 주고 아름답게 꽃피워
삶의 거름과도 같다고 생각합니다.

시의 꽃씨를 가슴에 뿌리고 심어서
인생길 노래하며 걸어가다 보면 기쁨이 충만
우리들 인생의 정원에 풍성한 삶의 열매가
또한 고난 속에서도 희망으로
살아갈 수 있는 힘이 될 것을 확신합니다.

저의 제 2시집이 출간되기까지 애쓰신
최양희 문학평론가, 권선옥 시인,
시인인 장병진 목사님께도
깊은 감사의 마음을 드립니다.

2021년 7월에

김 건 일

■ 서문

한국 문학계에 순수하게 출현한 시인

최 양 희

〈문학평론가·한내문학 이사장〉

우리 한국 문학계에 시인들이 많다는 것은 누구나 다 아는 사실이다. 많은 시인들 중에서도 김건일 시인은 현세에 보기 드문 시인이라는 점을 이번 기회에 모든 분들한테 말해 주고 싶다.

김건일 시인의 제1시집을 출간할 수 있었던 계기는 충남 논산에 살면서 일본에서도 선교 활동하시는 목사이신 장병진 시인님께서 김건일 시인과 인연을 맺게 해 주신 덕분이다.

김건일 시인이 2020년 『한내문학』에 등단하고, 일주일 만에 처녀시집 『그러려니 하고』를 8월에 출간한 바가 있다. 이 시집을 지인들이나 한내문학 회원들한테 선물하기도 했다.

필자는 김건일 시인과 통화할 적에도 "도인에 가까운

시인이다." 라고 여러 번 얘기를 나눈 적이 있다.

그 이후 1년도 안 되어 올해 5월에 『네가 꽃이었구나』라는 제2시집을 출간한다는 소식이 전해 왔다. 이건 정말 놀라운 일이 아닐 수 없다 하겠다.

김건일 시인은 요즘 세상에 보기 드문 시인이며, 시를 쓰기 위해서 태어난 것처럼, 그 어느 시인보다 독자들이 빨리 이해가 되는 옥석 같은 시를 수없이 생산했다. 그래서 필자는 우리 "한국 문학계에 순수하게 출현한 시인" 이라는 점을 문인들에게 알리고 싶은 것이다.

김건일 시인의 시집 〈네가 꽃이었구나〉 제목처럼 세상이 "꽃이었구나" 라는 표현은 기발한 발상이다. 시인마다 사물을 보는 생각과 느낌은 각각이지만 김건일 시인은 다른 시인보다 시상이 기발하다.

『네가 꽃이었구나』라는 시집은 세상은 모두가 꽃으로 피어난다. 큰 산이나 작은 산, 길가나 들판, 냇가나 우물, 천지 사방에 꽃은 피어난다. 아니 캄캄한 굴속이나 삭막한 사막에서도 꽃은 피어난다. 수많은 꽃들이 피어나고 있는 〈네가 꽃이었구나〉 전문을 한번 음미해 보기로 하자.

다가갈수록 / 유심히 보니 / 네가 꽃이었구나
짓밟히고 / 짓이겨져도 피워 내는 / 네 모습이 눈물겹다
너라고 왜 / 사랑받고 / 싶지 않았으랴
그래 너도 / 임의 품에 안겨 / 포근한 사랑받아라.

필자는 〈네가 꽃이었구나〉란 시를 탐독하면서, 내심 뿌듯하면서도 김건일 시인을 다시 한번 존경하게 됐다. 꼼꼼히 생각해 보면 볼수록 〈네가 꽃이었구나〉라는 시는, 내 마음뿐만 아니라 수많은 독자에게 공감대를 형성하리라고 본다.

〈다가갈수록 / 유심히 보니 / 네가 꽃이었구나〉로 표현한 시인은, 자연스러운 시상을 당연한 은유로, 내면의 시 세계를 형상화하면서 〈그래 너도 / 임의 품에 안겨 / 포근한 사랑받아라〉 하고 매듭지었는데, 시집의 제목다운 명시가 더 큰 빛을 발산한다.

당신은 그 어느 여왕보다
눈부시고 아름다우며
볼수록 사랑스럽습니다
— 〈아내의 향기〉 부분

김건일 시인의 〈아내의 향기〉에 대한 소재는 자신 사랑의 시심을 표현한 기법이 남다르다 하겠다. 지극히 아내를 사랑하는 〈당신은 그 어느 여왕보다 / 눈부시고 아름다우며 / 볼수록 사랑스럽습니다〉 이렇게 시로 표현한 시인의 시 속에 아내에게 진정한 사랑을 속삭이는 모습이 역력하고 또 아내의 관심과 사랑의 깊이를 우리는 금방 느낄 것이다.

눈부시다고 다
황금은 아니니

세상을 건너려면
온갖 유혹이 날

한 발을 딛을 때
먼 산 바라보며

조심과 후회 없이
걸어야 행복의 길.

—〈행복의 길〉 전문

우리는 현재까지 서로가 알고 있었던 그 어떠한 시인보다도 김건일 시인께서는 앞으로 오래오래 기억되고 존경받아야 할 시인이라고 본다. 〈행복의 길〉이란 시 한 편을 보더라도 이 시대에 꼭 필요한 시인이라는 점을 금방 알 수 있다.

김 시인은 소년 시절부터 지금까지 수십 년 동안 시를 쓰고 연마한 내공은, 선비 기질을 타고났기 때문이라 하겠다. 또한 김 시인은 인생의 삼고지식과 경륜, 새로운 의미와 가치로 승화시키는, 언제 어디서나 대자연의 시적 감각으로 자신과 어울리며 산다고 볼 수 있다.

그대여 사랑이 다가오면
받아들이시길

사랑의 상처에
찔리고 아프다 해도

그대의 영혼은
순결하고 아름다울 테니까.

—〈사랑이 다가오면〉 전문

필자는 이 시를 보면서 역시 김건일 시인의 시적 수준을 금방 알 수 있다. 시의 자체는 순수함을 엿보게 하면서도 언제나 현세를 살아가는 모든 이들에게 무엇인가 메시지로 전해 주고 있는 것이 큰 장점이다.

김 시인의 〈사랑이 다가오면〉이란 시를 이해하면서 어떻게 이와 같은 시가 언제 어디서 탄생했을까를 생각했는데, 아마도 김 시인은 선천적인 시심(詩心)이 타고났기 때문이라고 생각된다.

마지막으로 김건일 시인의 시 〈마음〉의 전문을 자랑하고 싶다.

> 〈사랑도 / 마음에서 // 칭찬도 / 마음으로부터 // 그리움도/ 마음에서 구름처럼//행복도/마음에서 일어나며//꽃도/ 마음에서 피어난다.

김건일 시인의 시처럼 모든 일들은 마음에서부터 일어나는데, 김 시인의 시는 누구나 쉽게 이해할 수 있는 시각을 잘 살려 낸 시인이다.

김 시인은 방향 감각이나 삶의 질을 시인의 숙련된 문학을 위해 자신의 일생을 바쳤다 해도 과언이 아닐 것이다. 춥고 더운 것 가리지 않고 그 값진 흔적을, 자신이 바라던 뜻을, 일생에 값진 보람을 후손들에게 물려주고 있는 것이다.

김건일 시인의 두 번째 시집 『네가 꽃이었구나』 발간을 진심으로 축하드리며, 앞으로도 더 좋은 제 3시집들이 계속 이어짐과 동시에 우리 문학계에 꽃처럼 아름답게 활짝 피어나 더욱더 훌륭하게 탄생하기를 축원하는 바이다.

2021년 7월에

Contents

차례

Contents

제 2 부 꽃 한 송이

Contents

Contents

Contents

Contents

제 1 부

가지 마세요

임 그리워 밤새웠는데
떠난다기에 부둥켜안고
매달리며 애원하며
밤새 눈물로 지샜답니다

가지 마세요

임 그리워 밤새웠는데
떠난다기에 부둥켜안고
매달리며 애원하며
밤새 눈물로 지샜답니다

임이여! 나 외로워 어이 살라고
가면 언제 오시려나? 못 기다리는데
내 목 놓아 우는 걸 보시렵니까
정 가신다면 날 잊지 마세요.

솟대

봄길 타고 임이 오시는지
저 먼 논둑길 바라보네

저 들길에 어머니 밭일 마치고
집에 오시는 모습이 보이네

아버지 소 몰고 오시며
저 들판 소 워낭소리 들리네

먼 길 떠난 서방님
이제나저제나 모습 아른거리네

사랑하는 딸 친정집 오실는지
손꼽고 기다려도 오시지 않네.

소중한 날들

좋은 사람으로 남도록 살자
내가 떠나가더라도

그리운 사람으로 살아가자
동쪽하늘 바라보며 미소 짓게

안타까운 사람으로 살아가자
그때 왜 내가 그랬을까 느끼게

후회 없는 인생을 살아가자
주어진 하루하루가 소중하도록.

귀인을 만나서

주는 사람은
더 귀한
감사한 하루

주는 것인지
아아! 삶이란
주는 기쁨과 행복

귀한 것
귀하게 받으니
너무나 고맙습니다.

아름답게 늙자

늙지 않기를 바랄까
그건 위선이며
거짓이 아닌가
듣지도 믿지도 말았으면

늙되 추하고 흉하지 않고
곱게 늙는지가
관건 아닌가
아름다운 가을 단풍 들듯

누가 봐도 그윽한 향기로
삶을 살아가는 사람으로
밝고 환한 긍정적 삶이
정말 좋겠습니다.

아가야

아가야 울지 마라
태어날 때
울지 않았더냐

인생길 살아가려면
폭우처럼 울 날
있으리니

엄마 품에 안겨
천지간에 사랑 받고
고이 잠들려무나.

가는 곳 어디일까

갈 곳 없어 서성이는데
칠흑처럼 어두운 세상길
어디로 가야 하나
방향을 모르겠습니다

가야 할 곳 정해지지 않았으나
길 떠가는데
짊어진 짐 무거워
가끔 쉬었다 가렵니다

이 길 언제 끝이 보일지 알 수 없어
짐도 내려놓을 수 없으며
완전히 내려놓고 가는 날
서산에 붉은 해가 질 때인가.

새 마음

첫날
당신이 있어 기쁩니다

환하게 밝아 오는 태양도
당신 얼굴
아침 창문 열어
얼굴 봅니다

온통 당신 모습
괴로움도 슬픔도 다 덮으며
웃음으로 밝힙니다.

너와 내 마음

가슴 설레며
내가 다가가던
그때처럼

네가 늘
소녀 모습으로
살아가면 좋겠습니다.

구름 따라 가리라

나 구름 타고 가리라
저 멀리 가리라

아라비안 라이트 담요 타고 가리라
구름 가듯 흘러 흘러가리라

내 주어진 삶 구름처럼 살아왔으니
정처 없이 여기까지

떠날 때 구름 타고 저 하늘로
들꽃 보듯 나그넷길 떠나가리라.

네 마음

네 변해 버린
마음 싫어지지만

첫눈에 좋아했던
그때가 떠올라

네 모습 떠오를 때면
지금도 눈물짓는데

그러나 너를 잊으리라
다시 오지 않을 그날이기에.

네가 꽃이었구나

다가갈수록
유심히 보니
네가 꽃이었구나

짓밟히고
짓이겨져도 피워 내는
네 모습이 눈물겹다

너라고 왜
사랑받고
싶지 않았으랴

그래 너도
임의 품에 안겨
포근한 사랑받아라.

때로는

앞을 볼 수 없는
칠흑 같은 인생길

모진 비바람
몰아친다 해도

삶을 사랑하며
감사히 살아간다면

때로는 따스한
햇볕이 비춰 오는 것을.

아내의 손

세월의 흔적 더듬는데
아내의 손 바라보니
나무껍질처럼 거칠고 단단하다

세월의 흔적인지 아니지
예쁘고 고왔던 20대보다
지금이 더 곱고 아름답다

말없이 손 잡아보니
속살도 겉살도 변함이 없으니
손에 주름은 금테 줄이다

그 세월 50년이 넘었으니
켜켜이 쌓인 인생 금자탑이 아닌가
짙은 분가루 향기가 나지 않는가?

세월이란 보약

날마다 보약을 먹는다
그 비싸고 귀하다는 보약

힘을 얻고
행복의 열매가 주렁주렁

때로는 과식하여
쓴맛을 따기도 하지만.

아름다워라

노년은
열매 바구니를 담고
지는 해 바라보며 즐기다

저녁노을 질 때
불그스레한 새색씨 얼굴로
서산 바라보며 걸어가노라.

너도 꽃

네가 꽃이 되고 싶어서
붉은 치장을 했구나

그래 그렇게 꾸미니
너무 아름답구나

부족하지만 그래도
향기 없는 뒷골목의 꽃

네 모습 운명에 순응하며
사랑받으며 살아가기를.

나이

날마다
먹는다

밥
하루 세끼
너도나도

끼니
그르지 않는다

다
챙겨 먹는 건
나이 뿐이다.

재

재 한 줌 밭에 뿌려
새 생명 파릇파릇

놋그릇 짚으로
닦아 내면 황금빛

재 한 줌 내 마음을
닦아 예쁜 웃음 짓네.

모르겠습니다

모르겠습니다
내일도 당신을 만날지
지금 최선을 다하고 있는지

모르겠습니다
당신 목숨같이 사랑하는 걸
지금 내 떠날 걸 생각했는지

모르겠습니다
내 혼신을 다해 살아왔으며
주어진 날 정성 다해 왔는지.

널 기대해 보리라

박이 쩌억 갈라져서
흥부인가 했는데
놀부처럼 나를 이렇게 했더냐?

내가 받을 복 요것인가
그래 대신 너만을 믿으리라

내 대신 어둠 걷어 내고
온 누리 하늘에 이불을 내려 줘서
만물이 생기 돌고 살아가게 해 보렴.

제 2 부

꽃 한 송이

한 사람이 온 세상
희망과 꿈을 심어 주는

한 송이 꽃 피워냈으니
온 누리가 활짝 사랑으로.

꽃 한 송이

꽃씨 하나가
천 송이 꽃을 피우듯

한 장 달력 외롭지 않게
마무리, 빛나는 결실

한 사람이 온 세상
희망과 꿈을 심어 주는

한 송이 꽃 피워냈으니
온 누리가 활짝 사랑으로.

탑정호

우연한 시간
탑정호에 들렀다
찬 호숫가에 서서
청둥오리가 잠수하고
맑은 물가에 서니 마음도
수정 같다
입구 칼국수 집에서
아내의 친구와 점심을,
추위를 녹이고 스치는 바람
볼이 찬 해 질 녘에 집으로
뜻밖에 나들이로 상쾌한 하루.

세월이 그랬느니라

세월이 사람을 데려갔느니
누굴 탓하거나 울지 마라
따지지도 원망은 더더욱 마라

흐른 세월 그렇게 지고
깊은 수렁 데려갔느니
꽃봉오리 젊어진
해저 터널 여행 중이니라

세월 좋아 아예 그곳에서
영원히 살려 했나니
눈물로 애태우지 말고
행복하게 살거라.

행복의 언덕

청춘의 고개 넘어서
쓰라림의 짐
내려놓고

흰 깃발 나부끼며
언덕에 올라서
도원桃源을 누리네.

최후의 날

좋은 항아리가 있다면
아낌없이 사용하셔야죠

오늘은 인생에 있어
두 번 다시 오지 않는 하루

내일은 알 수 없으니
바로 지금 유일한 당신의 날.

사랑의 소리

남편은 아내의
꾀꼬리 소리 듣고
살아야 즐겁고
활력이 돈다

사랑의 멜로디가
더 듣고 싶어도
세상 어디서 들을 수 없는
아름다운 소리다.

양약

쓴 약이
몸에 좋듯

충고의 말
쓰디쓰지만

넘기기만 하면
이보다 더한 인생

양약은
없으리라.

붉은 과일

겉모습 늙어 가더라도
거부치 말고

사랑으로 바라보면
안으로 곱게 발그레한

빛을 발하며 예쁘고
아름답게 물들어 가느니

붉은 열매 익고 있지 않는 가
풍성히 바구니에 담아 남기리라.

알아서 살면 되는 걸

삶이란 원칙이 없지만
그러면서도
지키라고 한다

너도 옳고 나도 옳은데
무슨 원칙이 있는가
알아서 지키면 되는 걸

각자가 알아서 정하고
알아서 살면 좋으련만
세상 제약이 너무나 많다.

삶이란

인생은 한순간도
아름답지 않은 게 없다

슬프면 눈물을
기쁘면 행복을 주지 않던가

기쁨도 슬픔도 다 그 속을
열고 보면 우리네 인생인 것을.

잔잔한 항구

너는 간밤 어이하여
왜 그리도 울었더냐?

무섭게 포효하며 귀한 생명을
데려가고 울지 않았더냐?

이제 그만 세상 사람들
바라보며 울부짖지 말고

잔잔한 항구의 품에 안기어
너와 한없는 꿈 펼치려 한단다.

긴 여운

좋은 일은
언제나 햇살 스미듯

나쁜 것은
바람처럼 저 멀리

유리는 언제나
미소가 살며시
스미는 날 되소서!

봄비에 젖은 마음

오신다는 소식 간간이
들리긴 했지만
떠난 임 봄비 따라 오시는데

뜻밖에 오시니
잊었던 사랑 다시 생각나
봄비에 젖은 마음

기다렸던 임 설레는 마음
치장하고 분주히 나가
맞아들이렵니다.

내가 당신을

내가 당신을 사랑하는 것은
당신을 좋아하기 때문입니다

저 흘러가는 강물처럼 떠나는 것은
사랑이 다했기 때문만은 아닙니다

당신과 떠날 수밖에 없는 운명의
시곗바늘이 오고 있기 때문입니다

당신과 만나지 못해 헤어져도
그리워하며 살아갈 것입니다.

지금도

당신은 살아온 날을 노래하며
지금도 나풀거리며 삶을 지배하나요

그러면 당신은 행복을 잉태한
고귀한 사람입니다

당신에게 찾아온 삶들을 사랑하며
후회 없이 살았으리라 믿어요

기쁘고 황홀한 시간들 속에
만발한 꽃향기 더해 주네요.

떡잎

무수히 올라온다
아우성 소리 내며

위에서 아래로
좌에서 우로 쫘악 살핀다

가차없이 뽑아 버린다
부실한 것 연약한 것

강하고 튼실한 놈만
날개 달고 세상으로

집집마다 가정마다
사랑받으러 텃밭으로 살펴 간다.

뜨거운 삶

누구에게나 한 번
누구라고 두 번일까

불꽃같이 타 올라
별처럼 쏟아지는 환호

대지에 탄성 지르며
태워 싸늘한 재가 되리라.

삶이란

그르다고 내 인생이 아니고
바르다고 내 인생이더냐

그 어떠한 것이 주어진다 해도
당신의 인생 다독이고 감사해야

길에 떨어진 지푸라기도
그대에게 주어진다면 고맙게

자신의 삶을
정성으로 가꿔 보시오.

이른 봄

밤새 봄비
누군가가 그리워서 우는데
사랑이 그리우면 저렇게 운다

울어도 오지 않는 사람
눈물이 강처럼
소리 없이 흘러간다

주위가 잠이 깨어
어리둥절 서성이며
이른 봄에 떨고 있다.

노릇

정년까지 마치려면
천신만고 고난의 산을 넘어야 가능

지휘는 쉬우나 통솔하기는
지식과 지혜를 지닌 자만이 가능

어머니 노릇하기 힘들지만
딸 노릇하기는 한없이 어려우며

아버지 노릇하기 힘들지만
아들 노릇하기는 정말 어렵고

형 노릇하기 힘들지만
아우 노릇하기는 더 없이 어려운데

남편 노릇하기 어렵지만
남자 구실하기 너무나 힘들고 어렵다.

살 때까지 살아 보자

사람이 산다면
곰삭을 때까지 살아야 한다

온몸이 백발로
초인적으로 세상을 보리라

세상을 초월한 모습으로
살다가 떠날 때 삶을 알리라

그래야 고생하며 올라가며
살아가는 중생을 보듬으며 살피라.

제 3 부

당신을 기다립니다

당신이 떠나시면 서러움에
마음속 슬픔만 남아 있답니다

나는 밤낮없이 운명적으로
당신 바라보며 기다립니다.

당신을 기다립니다

나는 당신을 기다리는 나룻배
오시면 춤추듯 노 저어 갑니다

당신이 강가에 닿으면
떠나실까 마음 졸입니다

당신이 떠나시면 서러움에
마음속 슬픔만 남아 있답니다

나는 밤낮없이 운명적으로
당신 바라보며 기다립니다.

가는 곳 어디일까

칠흑처럼 어두운 세상
갈 곳 없어 서성이는데
지금 어디로 가야 하나
그 방향을 모르겠습니다

짊어진 짐이 무거워
가끔 쉬었다 가는데도
그러나 나는 길을 떠나는데
가야 할 곳 정해지지 않았습니다

가는 길이 보이지 않아
언제 내려놓을지 알 수 없지만
이젠 완전히 내려놓고 갈 날은
서산에 붉은 해가 질 때인가 봅니다.

행복

오늘은 하늘을 톡 하고 터뜨려 보니
유치환의 사랑했던 여인에게 편지 부치고
우체국을 나서는 그때 에메랄드빛이었다

편지와 등기를 부치고
나가는 사람들이 분주한 것 보며
파아란 하늘이 내 가슴에 눈물 적신다

지금도 그때가 주마등처럼 지나가고
길거리엔 사람들이 여전히 오가며
그때 그 길을 거닐고 있다.

아내와 나

너무나 행복하다
아직도 사랑하고 귀중한
아내가 있다는 것이!

주변엔 벌써 떠난 분이 많지만
나는 그들을 위로해 주고 사니까
나는 복이 많은가 보다

둘이 커피를 마시며
지나온 옛날 그때가 좋았다고
이야기하며 하루를 웃음으로 연다

그럭저럭 온 하루가 아닌
특별히 주어진 날이라 생각하니
더욱 감사하며 행복하게 웃는다.

가성비

길을 걸으며 사람 만날 때
직장에 있을 때는 말해 뭐하랴

사랑할 때는 더더욱
터닝 포인트 불타는 사랑으로

부모님께 효도할 때
조용하고 편안히 즐거움으로

내 인생 뭘 할 때나
찾고 부르는 사람으로 살리라.

행복의 발견

매일 먹는 음식이
좋지 않은가요

곁에서 늘 보는 사람이
사랑스럽지 않은가요

어김없이 띄워 주는 태양을
바라보며 행복을 발견해 보세요.

눈이 내리네

눈이 휘몰아쳐 내리니
거센 눈발 산야를 덮어
양파 마늘밭은
이불로 따듯하게 잠들고

산과 골짜기
병사가 잠든 계곡에도
포근히 내리는데
골짜기엔 아직도
못다 한 청춘이 잠들어 있네.

아내의 향기

인생길 꺾어 쥔 꽃
가슴 깊이 짙은 향기가 스며듭니다

당신은 그 어느 여왕보다
눈부시고 아름다우며
볼수록 사랑스럽습니다

영원한 내 사랑
빛이 눈부셔 눈을
뜰 수 없으니 붉은 루비입니다

꽃향기 마음 보름달보다
더 둥글고 별빛 반짝입니다.

나의 추억

비밀 많은 사람은
행복하다 했던가

누구나 가슴에
비밀 하나쯤
간직하고 사노니

가끔 떠올리며
슬며시 웃어 보는
시간을 가져 보렴

기쁨이
물안개처럼 머무는
혼자만의 시간을.

행복으로 가는 길

행복하고
싶으시오

그러면
좋아하는 것보다
지금 하고 있는 것을
전적으로 좋아해 보시오

그러면
당신은
반드시 성공을 이룰 것이오.

사랑의 마음

살며 사랑하며 열심히
오늘도 잘 살아야 하리라

정신줄 놓지 않고
살아 있는 것만이 최고 행운의 날

시간 속에 인생은 있으니
사랑하며 살아가는 것이 기쁘고

사는 것 아닌 감사하며 살아가야
내일의 태양 다시 볼 수 있으니까.

해우소

가만히 창밖을 보다
어디서 햇살이 따사로운데

느닷없는 바람이 쌔앵
세찬 발길 지나가네

임도 그렇게 왔다 간다면
내 가슴 간담이 철렁

그러지 마시고
전하기나 하시고 오소서.

행복의 길

눈부시다고 다
황금은 아니니

세상을 건너려면
온갖 유혹이 날

한 발을 딛을 때
먼 산 바라보며

조심과 후회 없이
걸어야 행복의 길.

기다리는 마음

봄이
텃밑에서
보채고 있네

가고 옴이
서러워도 허들 넘듯
기다리리라

그 님 봄비 따라
보슬비 타고 오시니
반가이 나가 반기리라.

행복한 사람

가장 행복한
사람이 되고 싶으세요

그렇다면 감사할 줄 아는
사람이 되세요

감사 속에 당신이 원하는
모든 게 들어 있으니까요

일생 동안 하나하나
감사의 껍질을 벗겨 보세요.

임

임이 가시네
나를 두고 가시네

저 산마루 넘어서
말없이 가시려나

그리움 쌓이는데
언제나 오시려나

임이 가시네
나를 두고 가시네.

호박씨

내가 호박씨를 좋아하니
아내가 호박씨를
까서 주며 힘들다 한다

큰딸이 생각난다
지금은 평택에서 영어 강사
남편은 대학 교직원

새처럼 순식간에 한 바가지를 까는데
그것도 재능인가
둘이 웃으며 딸을 그린다.

행복의 언덕

청춘의 고개를 넘어서
쓰라림의 짐 내려놓고

청춘의 깃발 나부끼며
언덕에 올라
파랑새 노래 부르네.

아! 너무나 그립다

개나리 복사꽃
살구꽃 피는 내 고향

너는 어디서
나를 반기려 울고 있느냐

내가 타향에서 우는 것을
너는 알고 있으리라

언제 너와 얼싸안고
한없이 울어볼 날 있을까.

바랍니다

주민들이 드나들며
등, 초본을 떼는 곳

불편한 생활 또한 익명으로
기부도 하러 오기도 하지만

출생신고 사망신고
결혼과 이혼 신고도 하는데

올해는 사망보다 출생이
이혼보다 결혼이 많으면 좋겠으며

흰 소의 해니 좋은 일로만
주민들이 드나들면 좋겠네.

저 건너편

저기,
저편 보이는 곳
그리도 어렵고 힘드나

바로 저
건너편인데
어찌 이리도 길까

가고 또 가도
그 자리
고단한 인생길이어라.

제 4 부

부모님

아버지 어머니에게
재롱부리고 싶다
아이같이 천진난만하게

노래자(老萊子)는 칠십에
색동옷 입고 즐겁게 해 드리려
노래하며 춤추지 않았던가

부모님

아버지 어머니에게
재롱부리고 싶다
아이같이 천진난만하게

노래자(老萊子)는 칠십에
색동옷 입고 즐겁게 해 드리려
노래하며 춤추지 않았던가

나도
어리광도 응석도 부리며 천년만년
부모님 모시고 살고 싶어라.

영원한 미완성

'인생은 미완성' 그렇게 말하지만
그래도 아름답게 그려야 해

인생은 편지를 쓰는 것
쓰다가도 말지만 포기치 않고
끝까지 정성 다해 써 내려가야 해

인생은 사랑하는 것
뜨겁게 사랑하다 재가 되어도
주어진 날까지 사랑하며 살아가야 해.

잡은 손 놓지 말고

둘이 하나로
결혼하였으니까
둘이 또 손잡고 가야죠

후회 없는
인생의 사전에
올리지 않았습니까

살면서 삼 형제
예쁜 공주님 둘
한 아름 꽃다발 아름다워

저 서편 하늘로
노래하며 즐겁게 걸어
해로동혈(偕老同穴) 떠납시다.

꽃밭을 가꾸듯

모진 길이지만 정성을
뜸 들이듯이 고뇌로 살아서
도중에 포기나 멈추지 말고

아름다운 꽃밭 정성껏 가꾸고
다듬어야 짙은 향기 내며
서산에 해 질 때까지

삶을 살다 도중에 떠나도
던져진 장소에서 갈고 닦으며
그날까지 정성으로 살아야 해.

삶

떠들고 웃으며
노는 사이

노을이 붉게
물들어 아름답구나

그러나
그러나 곧

들녘에
어둠이 내리리라.

마지막에 웃자

기대 환호 화려 요란
그러나 마무리는 천만배
그 기간을 잘 보내야
영광의 자리 인생의 스타덤에

홍에 겨워 자만하고
앞뒤를 바라보지 않으며
오만하여 남보다 자신의 욕망
파멸의 늪으로 추락을

눈물과 고통 통한의 후회가
뒤꿈치를 물리라
먼 산을 바라볼 자격이
오늘도 근신하며 먼 인생길 걷노라.

사랑의 길

돌아올 수 없는 강
다시 건너게 하시며

살얼음판 세상을
무탈 위험하지 않게

크고 둥근 지구를
돌고 돌아 넘어지지 않게

가도 가도 끝없는 인생길
고난의 행군을 안락하게.

걸음

우직하게 걸어야
지치지 않고 먼 길 걷는다

소를 닮아 사랑하는 것도
희생이 아니던가

마지막에는 몸까지 내주는
나도 소가 되어 보리라.

눈 오는 밤

눈 내려오시는 밤길
편안히 오시라고
눈이 내립니다

기다리는 마음 눈으로
하얗게 덮은 그 길
감싸라고 눈이 내립니다

그대 만나 눈사람 만들어
마음 뭉쳐져 길을 내며
그대에게 굴러갑니다.

삶이란

고통은 쓰지만
견뎌 내는 고개를 살짝
물새 등에 흘러내리는 묘미

부부도 조금만 견뎌
동혈의 큰 기쁨 안겨 주며
아승기겁 영원한 사랑으로

사랑도 성공도 행복도
당신 품에 서서히 안겨 오며
길고 긴 기쁨의 환희를 맛보리.

그늘에 핀 꽃

그늘진 외딴 곳
홀로 핀 꽃이라고
누가 눈길 주지 않지만

언젠가 볕 받으며 뜨겁게
사랑받으며 보란 듯 날갯짓할
그날이 있을 것
초라하다고 외면하면
향기로 물씬 녹여 주어요

짙고 표독한 향기로 가슴 치며
외로운 장미라 서러워 말아요.

새해는 밝아 온다

잘한 선택이
잘못한 것으로

협력하면 좋은
결과로 웃게 될 것을

더욱 밝고 환하게
희망찬 얼굴 보며 전진하시길.

가 버린 날

햇살 따사로운 그날
너무나 그리워서
가슴 뭉클
눈물 나네요

가 버린 것은
그리워진다고 했던가
이젠 영원히 가리라
그날이 아득하지만

그런 날들
다시 오진 않겠지
포근히 가슴에 안고 가라고
세월은 흐르나 보다.

사랑이 다가오면

그대여 사랑이 다가오면
받아들이시길

사랑의 상처에
찔리고 아프다 해도

그대의 영혼은
순결하고 아름다울 테니까.

다시 태어나

새 마음 하얀 눈
천지를 덮어
내 마음 눈 속에 푹 묻어서
다시 세상에 나오는
새 아침에 밭에 나가신 엄마

흐느끼듯 서럽게 울어서
벌컥벌컥 쉬지 않고
실컷 빨아 엄마 품에서
젖 물고 쭈욱 빼고
새근새근 잠든 아기였으면.

세월

1월
마디게 가다가 자고 나면

10월
금방 돌아서면

12월
세월 속도 조절 없이

쾌속정으로 달리며
한없이 억겁의 세월 속으로.

새해

첫날
당신이 있어 기쁩니다

환하게 밝아오는 태양도
당신 얼굴
아침 창문을 열어
얼굴을 봅니다

온통 당신 모습
괴로움도 슬픔도
다 덮으며 웃음으로 밝힙니다.

병아리

삐악삐악
암탉이 병아리 데리고
봄볕 담장 밑

지렁이며 벌레 헤치며
꾹꾹꾹 부르며
논으로 들녘으로

개천가 하수도 물가로
돌아다니다 저녁 무렵

헤아려 보면 쥐가 물어 갔던
그 시절이 그리워지며

그런 시절이 다시 올까
지금도 구구구 부르고 싶다.

세월 빠름이야

모습은
공기요

빠르긴
화살인데

너 세상
마음보다 빠르다.

삶의 편린들

내딛는 발걸음
말 한마디
내가 보낸 시선들

손길마다 숨결마다
작고 미미한 편린들이
모여서 꽃을 피우고

열매를 맺어 나를 인생의
금자탑에 올려놓으리니
괴롭고 힘들어도 한 조각

소홀히 하지 말지니
훗날 영광의 면류관 씌워 주리라.

늘 한결같이

나이테가 쌓이며
세월 흐르면 채석강

아들은 미소가 씩씩하고
공주님은 활짝 핀 꽃처럼

사랑받는 삶을 가시는
세월에도 그 아름다움과
지혜로움이 빛을 발하고
가정에 행복이 샘물처럼 흐르기를.

제 5 부

내 못 갑니다

그 임 두고 가면
나 서러워 어찌 갑니까?

이제 가면 못 올 길
눈물바다 이룬다 해도 나 못 갑니다

내 못 갑니다

내 어이
떠납니까?
못 갑니다
못 가요

그 임 두고 가면
나 서러워 어찌 갑니까?

이제 가면 못 올 길
눈물바다 이룬다 해도 나 못 갑니다

애틋하게 그리운 그 임
어이 잊고 가랍니까?

참 행복했습니다

받은 복 많아 고개 숙이며
세상 그 분의 은전(恩典)으로
조금이나마 기여하고 사는 게
감사하여 눈물 납니다

꽃 흩날리며 가는 길
붉게 타는 석양 바라보며
마지막까지 손잡고
내 먼저 가 당신 기다리렵니다

감사하고 고마웠던
당신을 사랑합니다
내 사랑의 빚만 지고 가는지
노을 진 길에 물어보렵니다.

그대와 둘이

얼음 덩어리
당신 얼굴 세상 사느라

내게로 가까이
다가오면
그대 화알짝 열려서
웃음꽃 피우시리라

그대 행복해 하는 모습
바라보면 두고두고
그대와 손잡고 먼 인생길
나비와 꽃으로 손잡고 춤추리라.

눈 내리는 날은

눈 오는 날
당신을 기다립니다

만나서 눈사람 만들어
그 가슴에 그리움 가득 담아 주려고
이렇게 눈이 오는 날 그 길 바라보며
문밖에 나와서 당신을 기다립니다

가 버린 날들이지만
아직 눈처럼 하얗게 마음도 내려옵니다
당신 향한 마음만은 언제나.

기다려 봅시다

말 물가로 데리고 갈 수는 있지만
물 억지로 먹일 수는
없는 노릇 아닙니까?

길 가다 돌 느닷없이 날아와
어느 여인 절명하니
운명이라 생각합시다

이제 와 이러니저러니 하지 말고
두고 보면 잘할 것이니
그러려니 하고 삽시다

바람이 불듯 눈이 내리듯
순리대로 돌아갈 것
조신하며 여유롭게 지켜봅시다.

젊음

눈물의 바다를
건너야 한다

쓰라리고 아픈 그 바다
온몸으로 맞으며
거센 파도 침몰 없이 노 저어

그 바다를 건너고 나면
또 다른 집덩이 같은
파도가 기다리며 시험을 한다

그러다 저 부두에 다다를 즈음
갈매기 울음소리 들리며
한숨 돌려 서서히 다다른다.

석양에 지는 해

파란 잎 지고 나면
노란색 빨강색 분홍색
무지개 뜨는 하늘 바라보며
감탄 온갖 빛깔 잔치하고 나면

하얗게 내리는 하늘 바라보며
아아! 하고 삶을 정리하며
흰 깃발 흔들면 모두 탄성 지르며
고이 잠드는 모습 얼마나 아름다운가?

비명에 간 청춘 생각하면
얼마나 행복이고 은혜인가
축복의 인생 노년 누리며
베풂으로 축복이 더해지리라.

가시나무 새

일생에
딱 한 번 운다는 그 새처럼

마지막을 위해
열심히 살아가는 모습

주어지지 않아도
그분께 소명 다하는 날

성인도 단
한 번은 마지막에 운다.

기타 줄

애간장 끊는
기타 줄아
너는 내 마음 알리라

떠나 버린 사랑
잊지 못해
울고 있는 내 마음을.

마지막 날

하루해가 기울면
발길은 집을 향하고

사랑이 떠났을 때
슬픔이 가슴에 자리 잡는데

삶을 마치고 나면
하루해가 나를 덮습니다.

삶 속에서

삶 속에
죽음의 씨는
자리를 잡고

한 상
떡하니
받을 날 기다린다.

후회 없는 연기

세상 무대에서
주어진 배역에 관계없이
후회 없는 연기를 마치고
무대를 내려와 자신을 바라보며

세상에 빛을 남겼는지
지난 삶에 감사하며
오늘도 그때를 떠올리며
행복한 웃음으로 살고 계시나요?

갈대여 슬퍼 마라

강가 갈대가
떠나버린 사랑 잃고
머리 동여매고 누웠다

매정히 떠난 임
어이 그리 기다리나
다시 사랑 찾아 잊고 살려무나

네 고운 마음 앗아간
사랑해 줄 사람이 있으니
아름다운 꽃 피워 행복하여라.

가시 마음

강가에서
갈대와 산다

개구리 등을 타고
여행을 다닌다

어디서 튈지
그 누구도 알 수 없다.

그 임 그리워

임 떠난다기에 부둥켜안고
임 그리워 밤을 새웠으며
매달리며 애원도 했었지만
그래도 가신다기에 눈물지으며

가지 마세요 임이시여!
나 외로워 어이 살라고
정말 가시면 언제 오실지
내 목 놓아 우는 걸 보시렵니까.

꽃

아무리 화려하고
현혹하는 아름다움도
향기가 없으면
마음을 살 수 없나니
눈보다 마음의 향기와
진실이 사랑받는 긴 인생을
채워 나가리라

무엇보다 마음 밭에
늘 꽃을 가꿔 가는 삶이기를.

겸손

자신에 관해
말하지 않는다

인생 성공의 지름길
금자탑이다

고난 속에서도
행복의 주인공으로 우뚝

극복하지 못한 자
한없는 비극의 나락으로.

물어봅니다

그렇게 살다 갈 것을
제대로 살았나?
바람에게 물어봅니다

그렇게 살다 갈 것을 아옹다옹
아프게 살지는 않았나?
구름에게 물어봅니다

살아온 날들 남에게
사랑을 주지는 못할망정
상처는 주지 않았는지
말없이 흘러가는 저 강물에게 물어봅니다

나는 늘 하루를 시작할 때
사람들에게 마지막처럼 대하며
정성을 다했는지 곰곰이 생각해 봅니다

나는 잠자리에 들 때 다음 날
깨어나지 못하리라는 마음으로
조용히 자신에게 물어봅니다.

은행나무 집

수십 년 된 은행나무 한 그루
양옥집 부부는 세상에서
가을이면 한 가마씩
은행을 따서
시장에다 팔아
용돈 오십만 원을 만들었다는데

지금은 부부가 하늘로 이사 가서
은행나무도 보이지 않는다
하늘나라에
옮겨 심었나 보다
매년 그곳에서 은행을 따며
정답게 살고 있겠지.

마음

사랑도
마음에서

칭찬도
마음으로부터

그리움도
마음에서 구름처럼

행복도
마음에서 일어나며

꽃도
마음에서 피어난다.

김건일 제Ⅱ시집

네가 꽃이었구나

초판 인쇄 2021 년 8 월 13 일
초판 발행 2021 년 8 월 20 일

지은이 | 김건일
펴낸이 | 김효열
편 집 | 이미정
마케팅 | 김효숙 · 김영미 · 박미옥

펴낸곳 | **을지출판공사**

등록번호 | 1985 년 2 월 14 일 제 2-741 호
주 소 | 서울시 마포구 양화진길 41, 603호
우편번호 | 04083
대표전화 | 02) 334-4050
팩시밀리 | 02) 334-4010
전자우편 | ejp4050@hanmail.net

값 13,000원

ISBN 978-89-7566-197-6 03810